Vivere da soli

Manuale di sopravvivenza culinaria per Singles
e
Giovani Adulti appena Usciti di Casa

Edizioni SwissSelfMade

Indice

Capitolo 9: Risolvere i problemi in cucina
- Bruciare il cibo
- Cibo troppo salato
- Cibo crudo o sotto-cotto
- Cibo troppo piccante
- Cibo troppo liquido o troppo asciutto

Capitolo 10: Risorse aggiuntive
- Libri di cucina
- Corsi di cucina
- Siti web e blog culinari
- Video di cucina online
- App di cucina
- Gruppi e comunità online
- Podcast culinari
- Eventi culinari locali
- Biblioteche locali
- Continua a sperimentare

Capitolo 11: Conclusioni
- La cucina è un'arte
- La cucina è un'abilità per la vita
- Condivisione e socializzazione
- Continua a esplorare
- Non aver paura di sbagliare
- Buon appetito!

Appendice: Ricette
- Spaghetti alla Carbonara
- Insalata Caprese
- Pollo al Limone con Patate Arrosto

Capitolo 1: Introduzione

1.1 Obiettivo del libro
Benvenuti nel "Manuale di sopravvivenza culinaria per Giovani Adulti Appena Usciti di Casa". Questo libro è stato scritto pensando a voi, giovani adulti coraggiosi che hanno appena lasciato il nido familiare e si sono lanciati nell'emozionante mondo dell'indipendenza. Uno dei grandi passi verso l'indipendenza è imparare a cucinare per voi stessi, e qui è dove entriamo in gioco noi. L'obiettivo di questo manuale è aiutarvi a padroneggiare l'arte della cucina, rendendola facile, divertente e gratificante.

1.2 Vantaggi della cucina
Molti di voi potrebbero chiedersi: "Perché dovrei imparare a cucinare quando posso semplicemente ordinare cibo da asporto o riscaldare pasti pronti?" È una domanda legittima, ma la cucina casalinga offre numerosi vantaggi che vanno ben oltre il risparmio economico. Ecco alcuni motivi per cui dovreste considerare seriamente di diventare chef nella vostra cucina:

1.2.1 Risparmio di denaro
Sappiamo che avete una serie di spese da affrontare, tra cui l'affitto, le bollette e gli studi. Imparare a cucinare può aiutarvi a risparmiare notevolmente. Quando cucinate da soli, potete preparare pasti deliziosi a un costo inferiore rispetto a mangiare fuori o ordinare cibo da asporto ogni giorno.

1.2.2 Alimentazione più sana
La cucina casalinga vi dà il controllo completo sugli ingredienti che utilizzate e sulle porzioni che consumate. Ciò significa che potete optare per cibi più sani, evitando gli eccessi di sale, zuccheri e grassi spesso presenti nei cibi da asporto. È un passo importante per mantenere uno stile di vita sano e benessere generale.

1.2.3 Sviluppo di nuove abilità
Imparare a cucinare vi darà una nuova competenza che potrete utilizzare per tutta la vita. È un'abilità pratica che vi renderà indipendenti e vi permetterà di coccolare voi stessi e i vostri amici e familiari.

1.3 Struttura del libro
Questo manuale è strutturato in modo da guidarvi passo dopo passo nel mondo della cucina. Vi insegnerà tutto, dalla scelta degli utensili di base alla preparazione di piatti gustosi e salutari

1.4 Preparati a iniziare!
Siete pronti a iniziare il vostro viaggio culinario? Questo manuale è stato progettato per rendere la cucina accessibile e divertente, e siamo qui per accompagnarvi in ogni passo del processo. Che siate principianti o cuochi alle prime armi, con un po' di pratica e il nostro aiuto, diventerete presto dei maestri della cucina.
Ora, indossate il vostro grembiule e mettetevi alla prova in cucina!

Capitolo 2: La tua cucina di base

2.1 Organizzazione dello spazio
Una cucina ben organizzata è essenziale per rendere il processo di cucina più efficiente e piacevole. Ecco alcune considerazioni importanti per organizzare al meglio il tuo spazio:

2.1.1 Lavoro di preparazione: Dedica un'area alla preparazione degli ingredienti. Avrai bisogno di un piano di lavoro pulito e spazioso dove potrai tagliare, sbucciare e preparare gli ingredienti.

2.1.2 Stoccaggio degli utensili: Assicurati di avere un posto facilmente accessibile per gli utensili di base come coltelli, taglieri, pentole e padelle. I ganci o i contenitori sospesi possono essere utili per mantenere gli utensili in ordine.

2.1.3 Stoccaggio degli ingredienti: Organizza gli ingredienti in modo che siano facilmente raggiungibili durante la preparazione. Usa armadi, ripiani o cassetti per tenere in ordine gli alimenti secchi, le pentole e le padelle.

2.1.4 Pulizia: Mantenere la tua cucina pulita è essenziale. Assicurati di avere forniture per la pulizia a portata di mano, come spugne, detersivo per i piatti e panni per asciugare.

2.2 Utensili di base
Per cucinare con successo, avrai bisogno degli utensili giusti. Ecco una lista di utensili di base che dovresti avere nella tua cucina:

2.2.1 Coltelli: Un buon set di coltelli è fondamentale. Assicurati di avere un coltello da chef, un coltello da intaglio e un coltello da pane. Ricordati di tenerli affilati.
2.2.2 Taglieri: Usa taglieri in legno o plastica per proteggere le superfici di lavoro e mantenere i coltelli affilati.

2.2.3 Pentole e padelle: Acquista pentole e padelle di diverse dimensioni per cucinare una varietà di piatti. Una pentola con coperchio e una padella antiaderente sono particolarmente utili.

2.2.4 Pentola a pressione: Una pentola a pressione può ridurre drasticamente i tempi di cottura per alcuni piatti, come stufati e legumi.

2.2.5 Cucchiai di legno e utensili da cucina: Avrai bisogno di cucchiai di legno, spatole e mestoli per mescolare e girare gli ingredienti.

2.2.6 Scolapasta: Un colino o uno scolapasta ti serviranno per scolare la pasta e gli alimenti cotti.

2.2.7 Ciotole: Ciotole di diverse dimensioni sono essenziali per mescolare, preparare e servire i cibi.

2.2.8 Misurini e bilancia da cucina: Per garantire che le tue ricette siano precise, utilizza misurini per gli ingredienti secchi e una bilancia da cucina per gli ingredienti liquidi o pesanti.

2.2.9 Elettroutensili: Un mixer ad immersione, un tostapane e un forno a microonde possono semplificare la vita in cucina.

2.3 Organizzazione degli ingredienti

Oltre agli utensili, è importante tenere a portata di mano gli ingredienti di base. Assicurati di avere questi ingredienti essenziali nella tua dispensa:

2.3.1 Alimenti secchi: Riso, pasta, cereali, farina, zucchero, sale e spezie di base come pepe nero, origano e basilico.

2.3.2 Prodotti freschi: Frutta e verdura di stagione, carne o proteine vegetali (come il tofu o i legumi) e latticini (se li consumi).

2.3.3 Prodotti in scatola: Pomodori in scatola, fagioli in scatola e brodo di pollo o vegetale sono ingredienti versatili da avere a portata di mano.

2.3.4 Oli e condimenti: Olio d'oliva, olio vegetale, aceto, salsa di soia e salsa di pomodoro.

2.4 Sicurezza in cucina

La sicurezza in cucina è una priorità. Ecco alcune linee guida importanti:

2.4.1 Lavaggio delle mani: Lavati sempre le mani prima di iniziare a cucinare per prevenire la contaminazione dei cibi.

2.4.2 Manipolazione sicura degli alimenti: Tratta gli alimenti con cura per evitare contaminazioni. Mantieni gli alimenti refrigerati quando necessario e cuoci gli alimenti a temperature sicure.

2.4.3 Uso sicuro dei fornelli e del forno: Assicurati di conoscere come utilizzare in modo sicuro i fornelli, il forno e altri elettrodomestici da cucina.

Questo capitolo fornisce una base solida per aiutare i giovani adulti appena usciti di casa a organizzare la loro cucina di base. La sezione successiva coprirà come pianificare gli acquisti in modo intelligente.

Capitolo 3: Fare la spesa in modo intelligente

3.1 La lista della spesa
Una delle abitudini più importanti da sviluppare quando si tratta di cucina è la pianificazione degli acquisti. Una lista della spesa ben organizzata ti aiuterà a risparmiare tempo e denaro e a evitare sprechi. Ecco come crearne una efficace:

3.1.1 Pianificazione dei pasti: Prima di andare a fare la spesa, pianifica i pasti che intendi preparare durante la settimana. Prendi in considerazione la colazione, il pranzo, la cena e gli spuntini.

3.1.2 Scrivi la lista: Prendi carta e penna o usa una app per la lista della spesa sul tuo telefono. Inizia a elencare gli ingredienti necessari per ciascun pasto.

3.1.3 Organizzazione della lista: Organizza la lista in modo logico, raggruppando gli ingredienti per categoria (ad esempio, prodotti freschi, prodotti secchi, carne, latticini) per facilitare il tuo percorso nel supermercato.

3.1.4 Quantità e misure: Stabilisci quantità specifiche per ogni ingrediente in modo da evitare sprechi. Ad esempio, anziché scrivere "verdure", scrivi "2 zucchine" o "1 kg di mele".

3.1.5 Prodotti di base: Assicurati di avere sempre a portata di mano ingredienti di base come riso, pasta, olio d'oliva, spezie di base, ecc. Questi sono utili per improvvisare in cucina.

3.2 Come risparmiare denaro
La spesa può essere costosa, ma con qualche strategia puoi ridurre il tuo budget senza rinunciare alla qualità e alla varietà. Ecco alcuni consigli per risparmiare denaro quando vai a fare la spesa:

3.2.1 Pianificazione settimanale: Evita gli acquisti impulsivi pianificando i pasti della settimana in anticipo. In questo modo, acquisterai solo ciò di cui hai bisogno.

3.2.2 Offerte e sconti: Fai attenzione alle offerte e agli sconti sulle etichette. Tuttavia, non farti ingannare da offerte che ti spingono ad acquistare più di quanto ti serva.

3.2.3 Marche generiche: Considera l'acquisto di marche generiche o meno conosciute. Molte di queste offrono prodotti di alta qualità a prezzi più bassi rispetto alle marche famose.

3.2.4 Acquista in grandi quantità: Se sai che utilizzerai spesso un determinato ingrediente, considera l'acquisto in grandi quantità per risparmiare sul costo unitario.

3.2.5 Confronta i prezzi: Non avere paura di confrontare i prezzi tra diversi negozi o tra prodotti simili. Spesso, piccole differenze di prezzo possono tradursi in risparmi significativi nel lungo termine.

3.3 Evitare gli sprechi

Evitare lo spreco alimentare è importante per risparmiare denaro e contribuire alla sostenibilità. Ecco come farlo:

3.3.1 Data di scadenza: Presta attenzione alle date di scadenza sugli alimenti e cerca di utilizzare prima quelli che scadono presto.

3.3.2 Conservazione corretta: Impara a conservare gli alimenti in modo appropriato. Usa sacchetti per congelare gli avanzi e riponi gli alimenti in contenitori ermetici per evitare il deterioramento.

3.3.3 Porzioni adeguate: Prepara porzioni adeguate in modo da evitare di cucinare troppo cibo che potrebbe finire inutilizzato.

3.3.4 Riutilizzo degli avanzi: Sfrutta gli avanzi per creare nuovi piatti. Ad esempio, il pollo arrosto può diventare un'ottima insalata il giorno successivo.

3.4 Acquisti online e consegna a domicilio

Molti supermercati offrono servizi di acquisto online e consegna a domicilio. Questa opzione può risparmiarti tempo e fatica, ma assicurati di prestare attenzione alle spese di consegna e ai costi associati.

3.5 Conclusioni

Un approccio intelligente agli acquisti è una parte essenziale della tua sopravvivenza culinaria. Con una lista della spesa ben organizzata, la pianificazione dei pasti e un occhio attento per le offerte, puoi fare la spesa in modo efficiente e risparmiare denaro. Inoltre, ridurre lo spreco alimentare è non solo economicamente vantaggioso, ma anche un passo importante verso uno stile di vita sostenibile

Nel prossimo capitolo, esploreremo come preparare e conservare gli ingredienti in modo sicuro.

Capitolo 4: Preparazione e conservazione degli ingredienti

4.1 Preparazione degli ingredienti

Una preparazione adeguata degli ingredienti è essenziale per cucinare pasti deliziosi e ben equilibrati. Ecco alcuni passaggi chiave da seguire:

4.1.1 Lavaggio delle verdure: Prima di utilizzare verdure fresche, assicurati di lavarle accuratamente sotto l'acqua corrente. Usa un pennello per eliminare lo sporco più ostinato.

4.1.2 Sbucciatura: Alcuni ingredienti come le patate o le carote possono richiedere la sbucciatura. Usa un pelapatate o un coltello per rimuovere la buccia esterna.

4.1.3 Taglio uniforme: Per garantire una cottura uniforme, cerca di tagliare gli ingredienti in pezzi simili in dimensioni e forma. Questo è particolarmente importante per le ricette in cui tutti gli ingredienti devono cuocere nello stesso tempo.

4.1.4 Rimozione dei semi e delle membrane: Quando utilizzi peperoni, pomodori o altre verdure con semi o membrane indigeste, rimuovili con un coltello affilato.

4.1.5 Marinatura: La marinatura è un ottimo modo per insaporire carne o pesce. Prepara una marinata con olio, aceto, spezie e aromi a tuo piacimento e lascia l'ingrediente in ammollo per almeno 30 minuti.

4.1.6 Scolatura degli ingredienti in scatola: Se utilizzi ingredienti in scatola come fagioli o mais, scolali e sciacquali sotto l'acqua corrente per eliminare il liquido in eccesso e il sapore conservante.

4.2 Conservazione degli ingredienti

La conservazione degli ingredienti è fondamentale per evitare sprechi e mantenere la freschezza degli alimenti. Ecco come farlo in modo corretto:

4.2.1 Frigorifero: Usa il frigorifero per conservare ingredienti freschi come carne, latticini, uova, verdure e frutta. Mantieni il frigorifero pulito e regola la temperatura in modo che si trovi tra 1°C e 4°C.

4.2.2 Congelatore: Il congelatore è perfetto per conservare ingredienti a lunga scadenza. Usa sacchetti per congelare per proteggere gli alimenti da bruciature da freddo e ammaccature.

4.2.3 Ripostiglio o dispensa: Gli alimenti secchi come pasta, riso, cereali, farina e legumi possono essere conservati in un luogo fresco e asciutto, come una dispensa o un ripostiglio.

4.2.4 Contenitori ermetici: Utilizza contenitori ermetici per conservare gli avanzi in frigorifero o congelatore. Assicurati di etichettare i contenitori con la data di conservazione per tener traccia della freschezza degli alimenti.

4.2.5 Sottovuoto: Se hai un'apparecchiatura per il sottovuoto, utilizzala per conservare gli alimenti in modo ottimale. Il sottovuoto impedisce l'ossidazione e prolunga la freschezza.

4.2.6 Rotazione degli ingredienti: Quando conservi gli ingredienti in frigorifero o dispensa, usa il principio della "prima entrata, prima uscita" per evitare che gli alimenti si deteriorino prima di essere utilizzati.

4.3 Sicurezza alimentare
La sicurezza alimentare è fondamentale per evitare intossicazioni alimentari. Ecco alcune linee guida importanti:

4.3.1 Scadenza: Rispetta sempre le date di scadenza degli alimenti e scarta quelli scaduti.

4.3.2 Temperatura: Mantieni gli alimenti freddi nel frigorifero o congelatore e cucina gli alimenti a temperature sicure.

4.3.3 Pulizia: Mantieni la tua cucina e gli utensili puliti per prevenire la contaminazione incrociata.

4.3.4 Manipolazione sicura degli alimenti: Lava sempre le mani prima di manipolare gli alimenti e usa taglieri separati per carne e verdure.

Questo capitolo fornisce un'importante base su come preparare e conservare gli ingredienti in modo sicuro ed efficace. Nel prossimo capitolo, esploreremo ricette facili e veloci per iniziare a sperimentare in cucina.

Capitolo 5: Ricette facili e veloci

5.1 Introduzione alle ricette semplici

In questo capitolo, ti guideremo attraverso una serie di ricette facili e veloci che sono perfette per i giovani adulti appena usciti di casa. Queste ricette richiedono ingredienti di base e non richiedono competenze culinarie avanzate. Sono perfette per chi ha un programma frenetico ma desidera comunque preparare pasti deliziosi in casa.

5.2 Colazione

5.2.1 Smoothie Energizzante

Ingredienti:
- 1 banana matura
- 1 tazza di fragole fresche o congelate
- 1/2 tazza di yogurt greco
- 1/2 tazza di latte
- 1 cucchiaio di miele (opzionale)
- Cubetti di ghiaccio (opzionale)

Istruzioni:
1. Metti tutti gli ingredienti nel frullatore.
2. Frulla fino a ottenere una consistenza liscia e cremosa.
3. Versa il smoothie in un bicchiere e goditi la tua colazione ricca di energia.

5.2.2 Omelette Semplice

Ingredienti:
- 2 uova
- 2 cucchiai di latte
- Sale e pepe a piacere
- 1/4 di tazza di formaggio grattugiato (cheddar, mozzarella o altro a scelta)
- 1/4 di tazza di pomodori a dadini (opzionale)
- 1/4 di tazza di spinaci freschi (opzionale)
- Burro o olio d'oliva per la padella

Istruzioni:
1. In una ciotola, sbatti le uova con il latte, il sale e il pepe.
2. Scalda una padella antiaderente e aggiungi una piccola quantità di burro o olio.
3. Versa la miscela di uova nella padella calda.
4. Aggiungi il formaggio e gli ingredienti a scelta (pomodori, spinaci, ecc.) sulla parte superiore delle uova.
5. Cuoci a fuoco medio-basso fino a quando le uova sono completamente cotte.
6. Piegala a metà e trasferiscila su un piatto. Servi calda.

5.3 Pranzo e Cena

5.3.1 Insalata di Pollo al Curry

Ingredienti:
- 1 petto di pollo cotto e tagliato a cubetti
- 1/4 di tazza di yogurt naturale
- 1/2 cucchiaino di curry in polvere
- 1/4 di cucchiaino di cumino in polvere
- Sale e pepe a piacere
- 1/4 di tazza di uva passa (opzionale)
- 1/4 di tazza di noci tritate (opzionale)
- Foglie di lattuga o spinaci freschi

Istruzioni:
1. In una ciotola, mescola il pollo cotto con lo yogurt, il curry, il cumino, il sale e il pepe.
2. Aggiungi le uva passa e le noci se lo desideri.
3. Servi la mistura sopra le foglie di lattuga o spinaci freschi.

5.3.2 Pasta Aglio e Olio

Ingredienti:
- 200g di spaghetti o linguine
- 2 spicchi d'aglio, affettati sottilmente
- Peperoncino rosso secco (opzionale)
- Olio d'oliva extra vergine
- Sale e pepe a piacere
- Formaggio Parmigiano grattugiato

Istruzioni:
1. Cuoci la pasta in acqua salata seguendo le istruzioni sulla confezione fino a quando è al dente.
2. Nel frattempo, in una padella grande, scalda abbondante olio d'oliva a fuoco basso.
3. Aggiungi l'aglio affettato e il peperoncino (se lo desideri) e soffriggi leggermente finché l'aglio diventa dorato ma non brucia.
4. Scola la pasta e trasferiscila nella padella con l'olio d'oliva e l'aglio. Mescola bene.
5. Condisci con sale e pepe, e aggiungi abbondante formaggio Parmigiano grattugiato.
6. Servi calda con un filo di olio d'oliva extra vergine.

5.4 Spuntini Salutari

5.4.1 Yogurt e Frutta

Ingredienti:
- 1 tazza di yogurt greco
- 1/2 tazza di frutta fresca (fragole, mirtilli, banana, ecc.)
- Miele o sciroppo d'acero per dolcificare (opzionale)

Istruzioni:
1. Metti lo yogurt in una ciotola.
2. Aggiungi la frutta fresca a pezzi e mescola bene.
3. Se desideri, dolcifica con un po' di miele o sciroppo d'acero.
4. Servi come spuntino veloce e salutare.

5.4.2 Frutta Secca e Noci

Ingredienti:
- Una manciata di frutta secca (mandorle, noci, nocciole, ecc.)
- Una manciata di frutta essiccata (uvetta, albicocche secche, ecc.)

Istruzioni:
1. Metti la frutta secca e la frutta essiccata in una piccola scatola o sacchetto per uno spuntino da portare in giro o al lavoro.

Queste ricette sono solo un punto di partenza per aiutarti a sperimentare in cucina. Non abbiate paura di personalizzarle e di aggiungere i vostri ingredienti preferiti per renderle ancora più gustose!

Nel capitolo successivo, esploreremo trucchi e consigli culinari che ti aiuteranno a diventare un cuoco più sicuro e creativo.

Capitolo 6: Trucchi e consigli culinari

6.1 Organizzazione in cucina

Una cucina organizzata e ben attrezzata è la chiave per una cucina efficiente e piacevole. Ecco alcuni trucchi e consigli per mantenere la tua cucina in ordine:

6.1.1 Utensili a portata di mano: Tieni gli utensili più usati, come coltelli, cucchiai e mestoli, in modo che siano facilmente accessibili quando ne hai bisogno.

6.1.2 Zona di lavoro pulita: Mantieni il piano di lavoro pulito durante la preparazione dei pasti. Questo renderà più facile lavorare e ridurrà il rischio di contaminazione incrociata.

6.1.3 Scorta di ingredienti: Mantieni una scorta di ingredienti di base come pasta, riso, spezie e scatolame per essere sempre pronto a preparare un pasto.

6.1.4 Contenitori ermetici: Utilizza contenitori ermetici per conservare gli ingredienti e gli avanzi. Etichetta i contenitori con la data di conservazione per evitare sprechi.

6.2 Risparmio di tempo in cucina

La vita può diventare frenetica, ma ci sono modi per risparmiare tempo in cucina senza sacrificare la qualità. Ecco alcuni suggerimenti:

6.2.1 Pianificazione dei pasti: Pianifica i pasti per la settimana in anticipo, in modo da sapere esattamente cosa cucinare e quali ingredienti acquistare.

6.2.2 Preparazione in anticipo: Dedica un po' di tempo durante il fine settimana per lavare, tagliare e preparare gli ingredienti in anticipo. Conservali in contenitori sigillati per usarli durante la settimana.

6.2.3 Cuoci in grandi quantità: Prepara porzioni extra di piatti che possono essere congelati o consumati come avanzi. In questo modo, avrai cibo a portata di mano quando sei troppo occupato per cucinare.

6.2.4 Utilizza pentole a pressione: Le pentole a pressione possono ridurre notevolmente i tempi di cottura per stufati, zuppe e piatti a base di carne.

6.3 Sapore e presentazione

Una buona presentazione e un sapore delizioso rendono i pasti più piacevoli. Ecco alcuni consigli per migliorare il sapore e la presentazione dei tuoi piatti:

6.3.1 Spezie e aromi: Sperimenta con una varietà di spezie e aromi per aggiungere profondità e complessità ai tuoi piatti.

6.3.2 Decorazioni alimentari: Utilizza erbe fresche, noci tritate o formaggio grattugiato come decorazioni per i tuoi piatti. Aggiungono colore e sapore extra.

6.3.3 Servizio in tavola: Servi i pasti su piatti belli e usa posate di qualità per migliorare la presentazione.

6.3.4 Assaggia e aggiusta: Assaggia il cibo mentre lo prepari e correggi il sapore con sale, pepe o altri condimenti, se necessario.

6.4 Sicurezza in cucina
La sicurezza in cucina è fondamentale per evitare incidenti e intossicazioni alimentari. Ecco alcune linee guida importanti:

6.4.1 Lavaggio delle mani: Prima di iniziare a cucinare, assicurati di lavare sempre le mani accuratamente.

6.4.2 Manipolazione sicura degli alimenti: Mantieni una buona igiene alimentare e evita la contaminazione incrociata. Usa taglieri separati per carne e verdure.

6.4.3 Attenti ai fornelli: Presta attenzione quando stai cucinando su fornelli caldi e assicurati di spegnerli quando hai finito.

6.4.4 Estinzione degli incendi: Sappi come usare un estintore e dove si trova in cucina, nel caso in cui si verifichi un piccolo incendio.

Questi trucchi e consigli culinari ti aiuteranno a diventare un cuoco più abile e sicuro. Nel prossimo capitolo, esploreremo come mantenere uno stile di vita sano attraverso la preparazione di pasti equilibrati.

Capitolo 7: Alimentazione sana

7.1 Introduzione all'alimentazione sana
Mangiare in modo sano è essenziale per mantenere una buona salute e fornire al tuo corpo i nutrienti di cui ha bisogno. In questo capitolo, esploreremo i principi fondamentali dell'alimentazione sana e come applicarli nella tua cucina quotidiana.

7.2 La piramide alimentare
La piramide alimentare è un ottimo strumento per comprendere i gruppi alimentari e le proporzioni raccomandate. Ecco come può essere rappresentata la piramide alimentare:

7.2.1 Alimenti di base (alla base della piramide):
- Cereali integrali come riso integrale, pasta integrale e pane integrale
- Frutta
- Verdura
- Legumi come fagioli, lenticchie e ceci

7.2.2 Alimentazione proteica (al centro della piramide):
- Carne magra (pollo, tacchino, manzo magro)
- Pesce
- Uova
- Prodotti lattiero-caseari a basso contenuto di grassi o alternative vegetali come il latte di soia

7.2.3 Grassi sani (in cima alla piramide):
- Olio d'oliva
- Noci e semi
- Avocado

7.3 Bilancio e porzioni

7.3.1 Controllo delle porzioni: Una parte importante di un'alimentazione sana è il controllo delle porzioni. Evita di mangiare porzioni eccessive, specialmente di alimenti ad alto contenuto calorico.

7.3.2 Bilancio tra macro e micronutrienti: Cerca di ottenere un bilancio adeguato tra proteine, carboidrati complessi e grassi sani nella tua dieta quotidiana.

7.4 Preparazione di pasti equilibrati

7.4.1 Frutta e verdura: Assicurati di includere una varietà di frutta e verdura nei tuoi pasti. Puoi aggiungere verdure a foglia verde alle insalate o frutta al tuo yogurt.

7.4.2 Cereali integrali: Scegli cereali integrali come base per i tuoi pasti. Opta per il riso integrale, la pasta integrale o il pane integrale.

7.4.3 Proteine magre: Includi fonti di proteine magre nella tua dieta come pollo, pesce, legumi e tofu.

7.4.4 Grassi sani: Utilizza olio d'oliva, noci, semi e avocado per ottenere grassi sani nella tua dieta.

7.4.5 Limitazione degli zuccheri aggiunti e degli alimenti processati: Riduci al minimo il consumo di cibi e bevande ricche di zuccheri aggiunti e cibi altamente processati.

7.5 Idratazione

L'acqua è essenziale per il buon funzionamento del corpo. Assicurati di bere abbastanza acqua durante il giorno per rimanere idratato.

7.6 Pianificazione dei pasti

7.6.1 Colazione equilibrata: La colazione è il pasto più importante della giornata. Cerca di includere proteine, cereali integrali e frutta nella tua colazione.

7.6.2 Spuntini sani: Opta per spuntini sani come frutta fresca, noci, yogurt greco o verdure con hummus.

7.6.3 Pasti preparati in casa: Prepara i tuoi pasti il più possibile. Questo ti dà il controllo sugli ingredienti e sulle porzioni.

7.7 Moderazione e indulgenza

L'alimentazione sana non significa privarsi completamente di cibi indulgenti. È importante concedersi occasionalmente un trattamento senza sensi di colpa. La chiave sta nella moderazione e nella consapevolezza.

7.8 Conclusioni

L'alimentazione sana è un aspetto cruciale della tua salute e del benessere generale. Seguire i principi della piramide alimentare, controllare le porzioni e scegliere cibi nutrienti ti aiuterà a mantenere uno stile di vita sano e a godere di pasti deliziosi e soddisfacenti.

Nel prossimo capitolo, esploreremo come adattare le ricette per soddisfare le tue esigenze dietetiche personali, inclusi vegetariani, vegani e altre restrizioni alimentari

Capitolo 8: Occasioni speciali e cucina per gli amici

8.1 Cucinare per le occasioni speciali
Le occasioni speciali come compleanni, anniversari o feste sono l'opportunità ideale per mostrare le tue abilità culinarie e stupire i tuoi cari. Ecco come prepararti per cucinare per le occasioni speciali:

8.1.1 Pianificazione anticipata: Pianifica il menu in anticipo. Scegli piatti che puoi preparare con fiducia e che piacciono ai tuoi ospiti.

8.1.2 Prova le ricette: Se hai intenzione di sperimentare nuove ricette, provale in anticipo per essere sicuro del risultato.

8.1.3 Organizzazione: Prepara una lista delle cose da fare e organizza il tuo tempo in modo da non essere stressato il giorno dell'evento.

8.1.4 Decorazioni e presentazione: Presta attenzione alla presentazione dei piatti e decora la tavola in modo accattivante per creare un'atmosfera speciale.

8.2 Menù per occasioni speciali
Ecco alcune idee per menù adatti a occasioni speciali:

8.2.1 Cena romantica a due
- Antipasto: Bruschette con pomodori freschi e basilico.
- Primo: Pasta all'aglio e olio con gamberi.
- Secondo: Filetto di manzo con salsa al vino rosso.
- Contorno: Asparagi arrostiti con parmigiano.
- Dessert: Tiramisù fatto in casa.

8.2.2 Festa di compleanno
- Antipasto: Nachos con salsa di formaggio e guacamole.
- Piatto principale: Pizza fatta in casa con una varietà di condimenti.
- Contorni: Insalata mista e patatine fritte.
- Dessert: Torta di compleanno a tema.

8.2.3 Cena con gli amici
- Antipasto: Bruschette miste (pomodoro, funghi, olive).
- Primo: Lasagne fatte in casa.
- Secondo: Pollo al limone con patate arrosto.
- Contorno: Insalata Caesar.
- Dessert: Cheesecake al cioccolato.

8.3 Cucina per gli amici

Invitare amici a casa tua per un pasto è un modo meraviglioso per socializzare e creare legami. Ecco alcuni suggerimenti per cucinare per gli amici:

8.3.1 Conoscere le preferenze alimentari: Chiedi ai tuoi amici se hanno restrizioni alimentari o preferenze, come vegetarianismo o allergie, in modo da poter pianificare il menu di conseguenza.

8.3.2 Cibi condivisibili: Prepara piatti condivisibili come fondue, tacos o sushi fatti in casa, in modo che tutti possano partecipare alla preparazione e al consumo.

8.3.3 Bevande e cocktail: Offri una selezione di bevande tra cui vino, birra, cocktail analcolici e opzioni senza alcol per soddisfare tutti i gusti.

8.3.4 Atmosfera amichevole: Crea un'atmosfera informale e accogliente per favorire la conversazione e il divertimento.

8.4 Cucinare per diverse esigenze dietetiche

Quando cucini per gli amici, potresti dover affrontare diverse esigenze dietetiche. Ecco come farlo:

8.4.1 Menu flessibile: Pianifica un menu che includa opzioni per vegetariani, vegani o persone con intolleranze alimentari.

8.4.2 Etichettatura degli ingredienti: Etichetta chiaramente i piatti in modo che gli ospiti possano identificare facilmente cosa è adatto alle loro esigenze.

8.4.3 Domande e comunicazione: Chiedi ai tuoi amici se hanno bisogno di ulteriori informazioni sui piatti o se desiderano apportare le proprie pietanze.

8.5 Conclusioni

Cucinare per occasioni speciali e per gli amici può essere un'esperienza gratificante e divertente. Con la giusta pianificazione e attenzione ai dettagli, puoi creare momenti speciali attraverso il cibo e la condivisione.

Nel prossimo capitolo, esploreremo come gestire situazioni culinarie comuni e affrontare eventuali errori di cucina.

Capitolo 9: Risolvere i problemi in cucina

9.1 Introduzione alla risoluzione dei problemi in cucina

Anche i cuochi più esperti si trovano di fronte a sfide in cucina di tanto in tanto. Imparare a gestire i problemi in modo efficace è una parte essenziale del diventare un cuoco abile. In questo capitolo, esploreremo alcuni problemi comuni che potresti incontrare in cucina e come affrontarli con successo.

9.2 Bruciare il cibo

9.2.1 Cibo bruciato nella padella o nella pentola

- **Come evitarlo**: Presta attenzione ai tempi di cottura e regola la temperatura adeguatamente. Usa un timer se necessario.
- **Come risolverlo**: Se il cibo è leggermente bruciato, cerca di rimuovere solo le parti bruciate e continua la cottura. Se è gravemente bruciato, sarà meglio ricominciare da capo.

9.2.2 Cibo bruciato nel forno

- **Come evitarlo**: Controlla il cibo regolarmente durante la cottura e utilizza il timer per non dimenticarlo.
- **Come risolverlo**: Se il cibo è bruciato sulla superficie ma comunque commestibile, prova a raschiar via la parte bruciata. Se è completamente bruciato, dovrai scartarlo e ricominciare.

9.3 Cibo troppo salato

9.3.1 Cibo troppo salato nella padella o nella pentola

- **Come evitarlo**: Usa il sale con moderazione e assaggia il cibo mentre lo prepari.
- **Come risolverlo**: Per ridurre l'eccesso di sale, puoi aggiungere ingredienti non salati come patate, pasta o riso. Oppure, se possibile, diluisci il piatto con una quantità maggiore di altri ingredienti.

9.3.2 Cibo troppo salato nel piatto pronto

- **Come evitarlo**: Assaggia e aggiungi sale gradualmente, evitando di eccedere.
- **Come risolverlo**: Se il piatto è troppo salato, puoi diluirlo con un po' d'acqua o brodo non salato, o aggiungere ingredienti come verdure o carboidrati per diluire il sapore.

9.4 Cibo crudo o poco-cotto

9.4.1 Carne o pesce crudo al centro

- **Come evitarlo**: Utilizza un termometro per carne per verificare la temperatura interna. Le temperature di cottura sicure variano a seconda del tipo di carne o pesce.

- **Come risolverlo**: Rimetti la carne o il pesce sulla superficie di cottura e continua la cottura fino a quando raggiunge la temperatura interna desiderata.

9.4.2 Pasta o riso sotto-cotti
- **Come evitarlo**: Segui le istruzioni sulla confezione per il tempo di cottura e assicurati di assaggiare per verificare la consistenza desiderata.
- **Come risolverlo**: Se la pasta o il riso sono sotto-cotti, rimettili sul fuoco con un po' d'acqua bollente e continua a cuocere fino a quando sono al dente.

9.5 Cibo troppo piccante

9.5.1 Cibo troppo piccante in pentola
- **Come evitarlo**: Usa spezie piccanti con moderazione e assaggia man mano che aggiungi.
- **Come risolverlo**: Per attenuare il piccante, puoi aggiungere ingredienti come latte di cocco, yogurt o zucchero per bilanciare il sapore.

9.5.2 Cibo troppo piccante nel piatto pronto
- **Come evitarlo**: Aggiungi pepe o spezie piccanti gradualmente e assaggia frequentemente.
- **Come risolverlo**: Per ridurre il piccante, puoi servire il piatto con un contorno rinfrescante come yogurt greco o avocado.

9.6 Cibo troppo liquido o troppo asciutto

9.6.1 Cibo troppo liquido
- **Come evitarlo**: Segui le quantità di liquido nelle ricette e regola la cottura in base alle esigenze.
- **Come risolverlo**: Per ridurre l'eccesso di liquido, puoi continuare a cuocere scoperto per far evaporare l'umidità in eccesso. Se necessario, puoi aggiungere un legante come farina o amido di mais.

9.6.2 Cibo troppo asciutto
- **Come evitarlo**: Assicurati di controllare la cottura in modo regolare e aggiungi liquido se necessario.
- **Come risolverlo**: Per aggiungere umidità a un piatto troppo asciutto, puoi aggiungere brodo, salsa o olio d'oliva.

9.7 Conclusioni
La cucina può comportare sfide occasionali, ma con un po' di pazienza e le giuste tecniche, puoi affrontare e risolvere la maggior parte dei problemi. Impara dai tuoi errori e continua a sperimentare in cucina per diventare un cuoco più sicuro e competente.

Capitolo 10: Risorse aggiuntive

La tua avventura nella cucina è appena iniziata, e ci sono molte risorse disponibili per aiutarti a diventare un cuoco ancora migliore. In questo capitolo, esploreremo alcune risorse aggiuntive che puoi sfruttare per espandere le tue conoscenze culinarie e migliorare le tue abilità.

10.1 Libri di cucina
I libri di cucina sono una fonte inesauribile di ispirazione e istruzioni dettagliate. Ricerca libri di cucina scritti da chef rinomati o dedicati a specifiche cucine o tecniche culinarie che ti interessano.

10.2 Corsi di cucina
Partecipare a corsi di cucina è un modo eccellente per acquisire esperienza pratica e imparare da chef professionisti. Molte scuole di cucina e associazioni culinarie offrono corsi per principianti e cuochi intermedi.

10.3 Siti web e blog culinari
Internet è una fonte infinita di ricette, tutorial video e consigli culinari. Esplora siti web e blog specializzati in cucina per trovare ispirazione e istruzioni passo-passo.

10.4 Video di cucina online
Piattaforme come YouTube sono piene di video di cucina realizzati da chef professionisti e appassionati. Guarda video tutorial per apprendere nuove tecniche e trucchi culinari.

10.5 App di cucina
Ci sono numerose app di cucina disponibili per smartphone e tablet che offrono ricette, liste della spesa, timer di cottura e molto altro. Esplora queste app per semplificare la tua esperienza in cucina.

10.6 Gruppi e comunità online
Unisciti a gruppi e comunità online dedicate alla cucina su piattaforme come Reddit o Facebook. Puoi condividere le tue esperienze, fare domande e imparare dagli altri appassionati di cucina.

10.7 Podcast culinari
Esistono podcast dedicati alla cucina che esplorano argomenti interessanti, intervistano chef famosi e offrono consigli culinari. Ascolta questi podcast mentre cucini per ottenere ispirazione.

10.8 Eventi culinari locali
Partecipa a eventi culinari locali come fiere gastronomiche, degustazioni di vini o festival del cibo per esplorare nuovi sapori e incontrare altri appassionati di cucina.

10.9 Biblioteche locali

Le biblioteche locali sono una risorsa preziosa per trovare libri di cucina, riviste culinarie e risorse educative sulla cucina.

10.10 Continua a sperimentare

La cucina è un'arte in continua evoluzione. Sperimenta con nuovi ingredienti, tecniche e ricette. Non aver paura di commettere errori, perché imparare dagli errori è parte integrante del processo.

10.11 Conclusioni

La cucina è una competenza preziosa che può portare gioia, nutrimento e connessione con gli altri. Sfrutta queste risorse aggiuntive per alimentare la tua passione per la cucina e perfezionare le tue abilità. Con il tempo e la pratica, diventerai un cuoco sicuro e creativo capace di preparare deliziosi pasti per te stesso e per gli altri.

Capitolo 11: Conclusioni

Se sei arrivato fino a qui, hai compiuto un grande passo nel diventare un cuoco sicuro e competente. Questo manuale di sopravvivenza culinaria per giovani adulti appena usciti di casa è stato progettato per aiutarti a padroneggiare le basi della cucina e oltre. Prima di chiudere questo libro, voglio condividere alcune considerazioni finali con te.

11.1 La cucina è un'arte
La cucina è molto più di un semplice atto di preparare il cibo. È un'arte che ti permette di esprimere la tua creatività, di esplorare nuovi sapori e di creare momenti di condivisione con gli altri. Non avere paura di sperimentare, di imparare dai tuoi errori e di scoprire la gioia di creare piatti deliziosi.

11.2 La cucina è un'abilità per la vita
Imparare a cucinare è un'abilità che ti accompagnerà per tutta la vita. Ti permette di prenderti cura di te stesso in modo sano ed economico e di condividere il tuo amore per il cibo con gli altri. Non importa quanto sei occupato o quale sia il tuo livello di abilità attuale, puoi sempre migliorare e crescere nella cucina.

11.3 Condivisione e socializzazione
La cucina non si tratta solo di nutrire il corpo, ma anche di nutrire l'anima. Preparare un pasto per gli amici o la famiglia è un atto di amore e di condivisione. Sfrutta le tue nuove abilità per creare momenti speciali e per costruire legami con le persone che ami.

11.4 Continua a esplorare
La cucina è un mondo vasto e affascinante. Continua a esplorare nuove cucine, ingredienti e tecniche. Partecipa a corsi di cucina, prova ricette provenienti da diverse culture e sperimenta con nuovi strumenti e attrezzature.

11.5 Non aver paura di sbagliare
Nella cucina, come in qualsiasi altra disciplina, gli errori sono una parte naturale del processo di apprendimento. Non aver paura di sperimentare, di bruciare un piatto o di fare un pasticcio in cucina. Ogni errore è un'opportunità per imparare e migliorare.

11.6 Buon appetito!
Concludo questo manuale con un caloroso augurio: buon appetito! Che tu stia preparando un pasto veloce per te stesso o cucinando per un gruppo di amici, che tu stia esplorando nuove ricette o creando piatti tradizionali, che tu stia affrontando sfide culinarie o sperimentando con nuovi ingredienti, ricorda sempre di gustare ogni morso e di apprezzare il piacere di cucinare e condividere il cibo. La cucina è una delle gioie più semplici e gratificanti della vita, e spero che questa guida ti abbia aiutato a godere appieno di questa esperienza.

11.7 Continua a cucinare e a condividere il tuo amore per il cibo con il mondo!

Appendice: Ricette

In questa appendice, troverai alcune ricette di base e deliziose per iniziare la tua avventura culinaria. Queste ricette sono ideali per principianti, ma possono essere personalizzate e adattate in base ai tuoi gusti personali. Buon divertimento in cucina!

1. Spaghetti alla Carbonara

Ingredienti:
- 320g di spaghetti
- 150g di pancetta o guanciale
- 2 uova
- 50g di formaggio Pecorino Romano grattugiato
- 50g di formaggio Parmigiano-Reggiano grattugiato
- Pepe nero macinato
- Sale

Istruzioni:
1. Cuoci gli spaghetti in abbondante acqua salata fino a quando sono al dente. Scola e metti da parte una tazza di acqua di cottura.
2. In una padella antiaderente, cuoci la pancetta o il guanciale fino a renderli croccanti. Scolali su un piatto foderato con carta assorbente per assorbire l'eccesso di grasso.
3. In una ciotola, sbatti le uova con il formaggio Pecorino Romano e il formaggio Parmigiano-Reggiano. Aggiungi una generosa macinata di pepe nero.
4. Aggiungi gli spaghetti alla ciotola con la miscela di uova e formaggio. Agita energicamente per coprire bene gli spaghetti.
5. Aggiungi la pancetta croccante e un po' di acqua di cottura degli spaghetti. Continua a mescolare fino a ottenere una salsa cremosa.
6. Servi gli spaghetti alla carbonara caldi, guarniti con pepe nero macinato fresco e ulteriore formaggio se lo desideri.

2. Insalata Caprese

Ingredienti:
- 4 pomodori maturi
- 200g di mozzarella di bufala
- Foglie di basilico fresco
- 2 cucchiai di olio d'oliva extra vergine
- 1 cucchiaio di aceto balsamico
- Sale e pepe nero macinato

Istruzioni:

1. Taglia i pomodori e la mozzarella a fette sottili.
2. Disponi alternativamente le fette di pomodoro e mozzarella su un piatto da portata.
3. Infilare le foglie di basilico tra le fette di pomodoro e mozzarella.
4. Condisci con olio d'oliva extra vergine e aceto balsamico. Aggiungi sale e pepe a piacere.
5. Servi immediatamente come antipasto leggero e rinfrescante.

3. Pollo al Limone con Patate Arrosto

Ingredienti:

- 4 petti di pollo
- 4 patate medie
- 2 limoni
- 4 spicchi d'aglio
- Rosmarino fresco o secco
- Olio d'oliva extra vergine
- Sale e pepe nero macinato

Istruzioni:

1. Pre-riscalda il forno a 200°C.
2. Taglia le patate a cubetti e mettile in una ciotola. Aggiungi l'olio d'oliva, il succo di 1 limone, lo spicchio d'aglio tritato, il rosmarino, il sale e il pepe. Mescola bene.
3. Disponi le patate condite in una teglia da forno e cuoci in forno per circa 30-40 minuti o fino a quando sono dorate e croccanti.
4. Mentre le patate cuociono, condisci i petti di pollo con sale, pepe e il succo del secondo limone.
5. Scalda una padella con un filo d'olio d'oliva e cuoci i petti di pollo fino a quando sono dorati e completamente cotti.
6. Servi il pollo con le patate arrosto e guarnisci con fette di limone e rametti di rosmarino fresco.

Queste sono solo alcune ricette di base per iniziare. Sperimenta, esplora nuovi ingredienti e ricette, e ricorda che la cucina è un'arte che può essere personalizzata secondo i tuoi gusti.

Buon appetito!